Ein Herz für **Pferde**

Mit Fotografien von
Gabriele Boiselle

Pattloch

Gebet eines Pferdes

Bitte sei gut zu mir,
und ich werde dir noch freudiger dienen
und dich gerne haben.

Reiß nicht an den Zügeln,
greif nicht zur Peitsche,
wenn es aufwärts geht.
Schlage und stoße mich nicht,
wenn ich dich missverstehe,
sondern gib mir Zeit, dich zu verstehen.

Halte mich nicht für ungehorsam,
wenn ich deinen Willen nicht erfülle.
Vielleicht sind Sattelzeug und Hufe
nicht in Ordnung.

Und in der Tat
ein Pferd, das sich stolz trägt,
ist etwas so Schönes,
Bewunderns- und Staunenswürdiges,
dass es aller Zuschauer Augen
auf sich zieht.
Keiner wird müde, es
anzuschauen, solange es sich
in seiner Pracht zeigt.

Xenophon

Als der Erschaffende das Pferd erschaffen wollte,
sprach er zum Winde: Aus dir will ich ein Wesen gebären,
das geeignet ist, meine Verehrer zu tragen. …

Und er schuf das Pferd und rief ihm zu:
Dich habe ich geschaffen ohnegleichen.
Alle Schätze der Erde ruhen zwischen deinen Augen.
Meine Feinde sollst du unter deine Hufe treten,
meine Freunde aber sollst du tragen auf deinem Rücken;
dort soll der Sitz sein, von dem Gebete zu mir aufsteigen.
Auf der ganzen Erde sollst du glücklich sein
und vorgezogen allen Geschöpfen dieser Erde.

Mohammed

Ein Pferd, ein Pferd!
Ein Königreich für ein Pferd!

William Shakespeare

Gebet eines Pferdes

Verkaufe mich nicht.
Liefere mich keinem Fremden aus,
der mich langsam zu Tode quält
und mich verhungern lässt.
Sondern sei so gütig und bereite mir
einen schnellen, barmherzigen Tod.
Gott wird es dir lohnen,
hier und in Ewigkeit.

Lasse mich dies von dir erbitten
und glaube nicht, dass es mir
an Ehrfurcht fehlt,
wenn ich es im Namen dessen tue,
der in einem Stall geboren wurde.

Ritt am Morgen

Stolz ritt ich meinen Weg
über Kirschblüten
an einer Kutsche vorbei.
Da hob sich der Vorhang,
von zarter Hand bewegt,
und ein Lächeln
wies mir meinen Weg.

Nach Li Tai Po

Junge Pferde

Wer die blühenden Wiesen kennt
Und die hingetragene Herde,
Die, das Maul am Winde, rennt:
Junge Pferde! Junge Pferde!

Über Gräben, Gräserstoppel
Und entlang den Rotdornhecken
Weht der Trab der scheuen Koppel,
Füchse, Braune, Schimmel, Schecken!

Junge Sommermorgen zogen
Weiß davon, sie wieherten.
Wolke warf den Blitz, sie flogen
Voll von Angst hin, galoppierten.

Selten graue Nüstern wittern,
Und dann nähern sie und nicken,
Ihre Augensterne zittern
In den engen Menschenblicken.

Paul Boldt

Gabst du dem Ross die Heldenstärke,
kleidest du mit einer Mähne seinen Hals?
Lässt du wie Heuschrecken es springen?
Furchtbar ist sein stolzes Wiehern.
Es scharrt im Tal und freut sich …
Es spottet der Furcht und kennt keine Angst.

Aus dem Buch Ijob

Gebet eines Pferdes

Prüfe meine Zähne,
wenn ich nicht fressen will,
vielleicht tut mir ein Zahn weh.
Du weißt, wie das schmerzt.

Halte mich nicht zu kurz
und kupiere meinen Schwanz nicht,
denn er ist meine einzige Waffe
gegen Fliegen und Mücken.

Und wenn es einmal
zu Ende geht, lieber Herr,
wenn ich dir nicht mehr
zu nützen vermag,
lasse mich bitte nicht
hungern und frieren.

Das Pferd ist ein Geschenk Gottes
an die Menschheit.

Arabisches Sprichwort

Der Apfelschimmel

Es war einmal ein Schimmel, der war so weiß,
dass man ihn gar nicht sah.
Eines Tages stand dieser Schimmel an einem Apfelbaum
und rieb sich den Hals an seinem Stamm.
Der Apfelbaum wurde fast verrückt;
denn er sah niemanden, der an ihm rieb,
und fühlte doch, dass es so war.

Und er begann seinen Verstand zu verlieren
und seine Äpfel dazu.
Der Schimmel aber erschrak so sehr über
die plötzlich herabregnenden Äpfel,
dass er eine Hautkrankheit bekam,
welche die Äpfel nachahmte.
Seitdem gibt es Apfelschimmel.

Christian Morgenstern

Ein gutes Pferd
kennt seinen Reiter.

Sprichwort

Der Reiter

Mein Freund an einem Sonntagmorgen
Tät sich ein hübsches Rösslein borgen.
Mit frischem Hemd und frischem Mute,
In blanken Stiefeln, blankem Hute,
Die Haltung stramm und stramm die Hose,
Am Busen eine junge Rose
Wie ein Adonis anzusehen.
Die Reiter machen viel Vergnügen,
Wenn sie ihr stolzes Ross bestiegen.

Nun kommt da unter sanftem Knarren
Ein milchbeladner Eselskarren.
Das Rösslein, welches sehr erschrocken,
Fängt an zu trappeln und zu bocken.
Und, hopp, das war ein Satz, ein weiter!
Dort rennt das Ross, hier liegt der Reiter,
Entfernt von seinem hohen Sitze,
Platt auf dem Bauche in der Pfütze.
Die Reiter machen viel Vergnügen,
Besonders, wenn sie drunten liegen.

Wilhelm Busch

Das Paradies der Erde
liegt auf dem Rücken der Pferde.

Friedrich von Bodenstedt

Ritt im Mondschein

Herz zum Herzen ist nicht weit
Unter lichten Sternen,
Und das Aug', von Tau geweiht,
Blickt zu lieben Fernen;
Unterm Hufschlag klingt die Welt,
Und die Himmel schweigen,
Zwischen beiden mir gesellt
Will der Mond sich zeigen.

Zeigt sich heut in roter Glut
An dem Erdenrande,
Gleich als ob mit heißem Blut
Er auf Erden lande,
Doch nun flieht er scheu empor,
Glänzt in reinem Lichte,
Und ich scheue mich auch vor
Seinem Angesichte.

Achim von Arnim

Sage nicht:
dieses sei mein Pferd.
Sag lieber:
es sei mein Sohn.

Arabische Spruchweisheit

Ich möcht am liebsten reiten,
Ein gutes Schwert zur Seiten,
Die Laute in der Rechten,
Studentenherz zum Fechten.
Ein wildes Ross ist's Leben,
Die Hufe Funken geben,
Wer's ehrlich wagt, bezwingt es,
Und wo es tritt, da klingt es!

Joseph von Eichendorff

Ein Pferd ist mehr wert
als Reichtümer.

Spanisches Sprichwort

Freisinn

Lasst mich nur auf meinem Sattel gelten!
Bleibt in euren Hütten, euren Zelten!
Und ich reite froh in alle Ferne,
Über meiner Mütze nur die Sterne.

Er hat euch die Gestirne gesetzt
Als Leiter zu Land und See,
Damit ihr euch daran ergetzt,
Stets blickend in die Höh.

Johann Wolfgang von Goethe

Bildlegenden

Die Fotografin

Gabriele Boiselle ist eine international bekannte Pferdefotografin. Mit ihrer Kamera bereist sie die ganze Welt, um viele verschiedene Pferderassen zu porträtieren. Ihre besondere Liebe gilt den Arabischen Pferden.

Die Deutsche Bibliothek – CIP-Einheitsaufnahme

Ein Titeldatensatz für diese Publikation ist bei Der Deutschen Bibliothek erhältlich.

Gedruckt auf chlorfrei gebleichtem Papier.

Umschlaggestaltung: Silvia Braunmüller, Büro Lehmacher, Friedberg (Bay.) unter Verwendung eines Fotos von OKAPIA/Christine Steimer
Innengestaltung: Silvia Braunmüller
Reproduktion: Fotolito Longo, I-Bozen
Druck und Bindung: Uhl, Radolfzell
Printed in Germany

ISBN 3-629-01168-3

www.pattloch.de